Basteln mit der Bibel 1

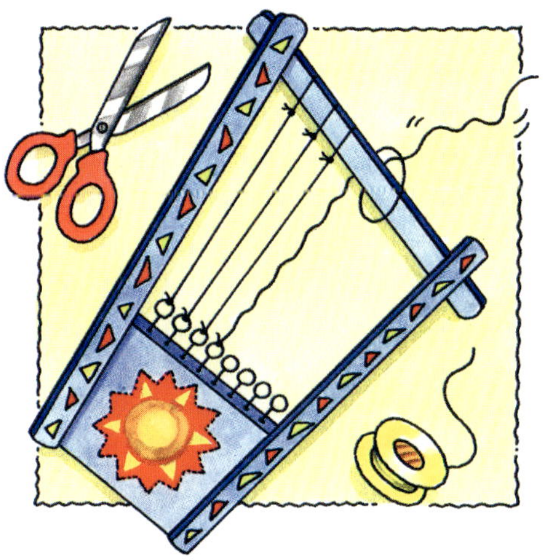

Gott schuf die Welt
und andere Geschichten

Gillian Chapman

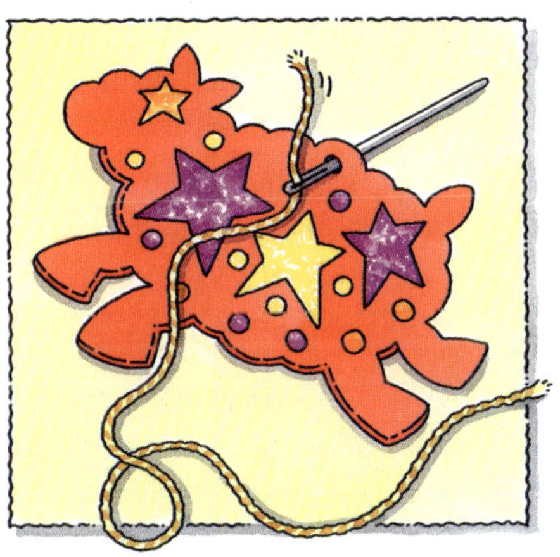

10 Bastelideen aus dem Alten und Neuen Testament

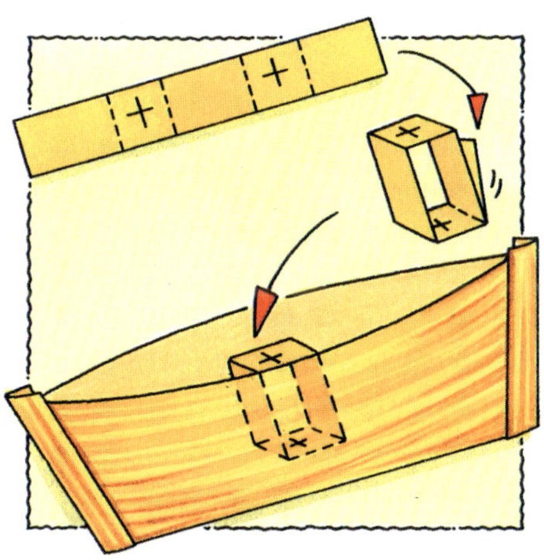
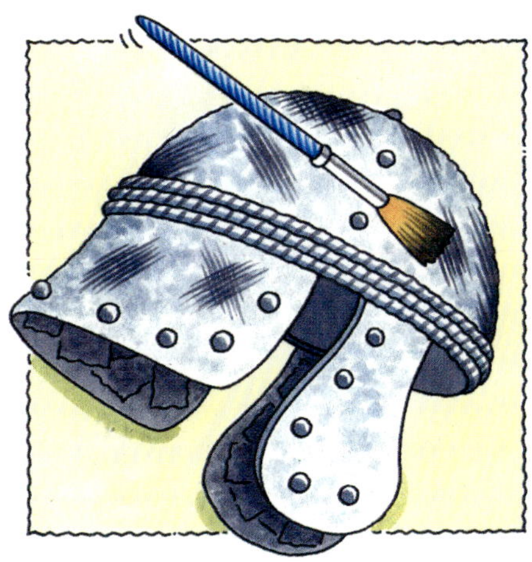

EINIGE TIPPS ZUM BUCH

„Basteln mit der Bibel“ bietet mit seinen vielfältigen Ideen neue Anregungen für das Basteln mit euren Eltern oder in eurer Gruppe.

Ihr könnt neue Varianten für den Weihnachts- und Osterschmuck entdecken oder die Geschichten des Alten und Neuen Testaments lebendig machen.

Einige Bastelideen sind ganz einfach, andere anspruchsvoller. Wir verwenden jedoch fast ausschließlich kostengünstige Materialien und Werkzeuge, wenn möglich verwerten wir Reste und Hausabfälle. Ihr werdet staunen, wie praktisch „aus Nichts“ ein kleines Kunstwerk entsteht.

Um die Vorbereitungszeit zu verkürzen, enthält jeder Bastelbogen:

- ✷ eine lebendige Wiedergabe der Bibelgeschichte, die ihr selbst lesen könnt, oder die euch jemand vorlesen kann;
- ✷ eine Liste der benötigten Materialien;
- ✷ verständliche, schrittweise Anleitungen;
- ✷ ein Bild der fertigen Bastelarbeit, für den Fall, dass ihr kein Modell vor euch habt!

Sämtliche Bastelideen hat sich Gillian Chapman, eine bekannte Autorin von Bastelbüchern, ausgedacht und getestet. Aufgrund ihrer großen Erfahrung als Leiterin von Kinder-Workshops zu Masken und anderen Bastelarbeiten hat sie nützliche Bastelratschläge und Sicherheitstipps gesammelt. Nehmt euch die Zeit und lest euch die Tipps kurz durch, bevor ihr mit dem Basteln beginnt.

Wenn ihr wollt, könnt ihr die Vorlage nach euren eigenen Vorstellungen abwandeln. Die Hauptsache ist, dass euch das Basteln Spaß macht. Gleich was am Ende dabei herauskommt, jedenfalls habt ihr es selbst gemacht! Einige Kinder (und Erwachsene) haben Mühe, den Anleitungen zu folgen und verlieren schnell die Lust, wenn es ihnen zu schwierig vorkommt. Deshalb könnt ihr die meisten Anregungen in diesem Buch an eure Fähigkeiten anpassen.

Wo ihr beispielsweise etwas nähen sollt, könnt ihr auch Klebstoff nehmen; wenn eine Zeichnung zu schwierig ist, könnt ihr Bilder aus Illustrierten ausschneiden.

Genaue Vorlagen und Schablonen zum Fotokopieren findet ihr in der Mitte des Buches als Hilfsmittel für den Anfang. Zum Teil kann man sie für Wandbilder, Collagen oder zum Aufstellen in Klassenzimmern und Kirchen vergrößern.

Einige Bastelarbeiten, wie Harfen oder Helme, eignen sich als Requisiten für Theaterstücke. Wenn ihr die Geschichte gehört und dazu gebastelt habt, wollt ihr womöglich die Geschichte gleich in einem Theaterstück oder Tanz nachspielen.

Es gibt endlose Möglichkeiten, die Bibel mit „Basteln mit der Bibel“ zu erkunden.
Viel Spaß dabei!

INHALT

BASTELTIPPS

Einige nützliche Hinweise

Sicherheit geht vor

Geht mit allen Werkzeugen sorgfältig und vorsichtig um! Spitze Stifte, Nadeln, scharfe Scheren können sehr gefährlich sein, wenn ihr nicht aufpasst...

Ein Erwachsener sollte euch bei den Holz- und Schneidewerkzeugen zur Hand gehen.

Wenn ihr ein Bastelmesser braucht, legt immer etwas als Schneidekante an.

Farben

Plakatfarben eignen sich hervorragend für das Malen auf Papier und Karton, und um Modelle aus Pappmaché oder Papierbrei zu färben. Es gibt auch metallische Farbtöne. Acrylfarben eignen sich besser für Oberflächen wie z.B. bei der Harfe.

Ein Gefäß mit sauberem Wasser braucht ihr unbedingt, um Farben zu mischen und die Pinsel auszuwaschen. Wechselt immer wieder das Wasser, damit die Farben klar bleiben. Farben könnt ihr auf einer Palette oder auf einem alten Teller mischen.

Bei möglichst naturgetreuen Bildern von Tieren, Figuren und Gesichtern (wie in dem Bilderstreifen zur Schöpfung) zeichnet zuerst mit einem Bleistift die Umrisse vor und malt sie dann mit Buntstiften aus. Ihr könnt auch Wasserfarben und einen dünnen Pinsel nehmen.

Klebstoffe

Bastelkleber ist für die meisten Arbeiten hervorragend geeignet. Für Pappmaché-Arbeiten könnt ihr ihn verdünnen oder nehmt Kleister. Bastelkleber klebt Papier, Karton und die meisten Stoffe – nehmt aber immer nur ganz wenig. Achtet darauf, dass man ihn mit kaltem Wasser auswaschen kann.

Mit Klebestiften kann man sehr sauber kleben, aber nur Papier und dünnen Karton.

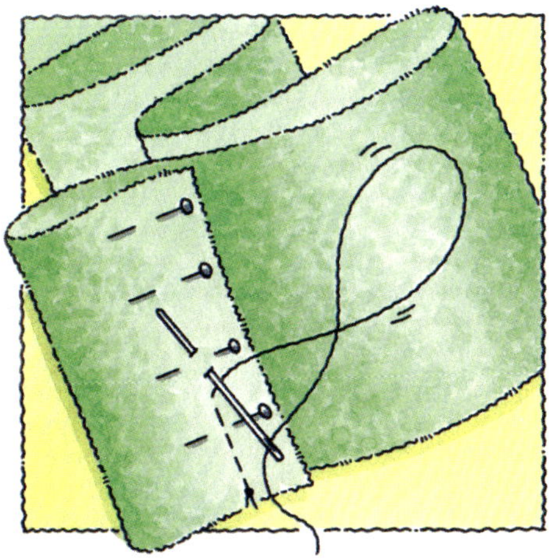

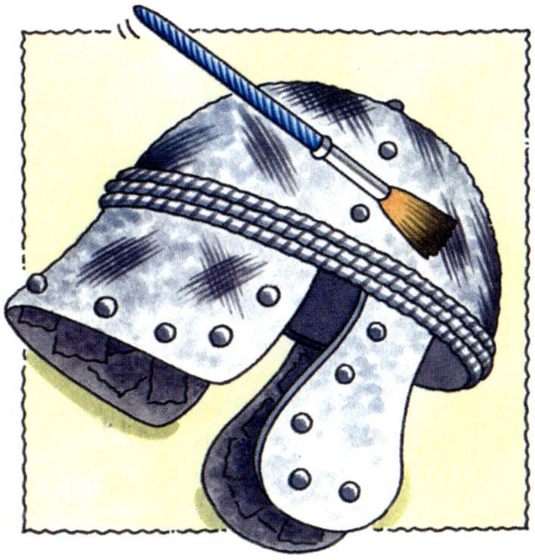

Pinsel

Nehmt zum Malen und zum Kleben nie den gleichen Pinsel. Reinigt sie am Ende immer in warmem Seifenwasser und trocknet sie, bevor ihr sie aufräumt.

Sauberkeit

Achtet darauf, dass ihr alle Arbeitsflächen mit Zeitungen abdeckt und euch etwas über die Kleider zieht (etwa ein altes Hemd) oder nehmt eine Schürze. Legt euch ein altes Handtuch daneben, an dem ihr die schmutzigen Hände abwischen könnt.

GOTT SCHUF DIE WELT

Am Anfang der Zeit schuf Gott die Welt und viele schöne Dinge auf ihr.

Gott schuf das Licht und die Dunkelheit.

Gott schuf hohe Berge und tiefe Meere.

Gott ließ Pflanzen, Blumen und Bäume wachsen und bedeckte das Land mit ihnen.

Gott schuf die runde Erde, die sich dreht, die heiße Sonne und den silbrigen Mond. Er schuf funkelnde Sterne und Planeten.

Gott belebte das Wasser mit glänzenden Fischen und die Luft mit bunten, zwitschernden Vögeln.

Gott füllte das Land mit allen Arten von Tieren, großen und kleinen, stacheligen und behaarten, gestreiften, gepunkteten und gemusterten.

„Jetzt will ich den Menschen schaffen", sprach Gott. Er schuf ihn als Mann und Frau. Er konnte denken und lieben und sein Freund sein. Er schuf einen wunderschönen Garten für ihn, den Garten Eden.

Gott war zufrieden mit allem, was er geschaffen hatte. Alles war gut.

Bastle einen Bilderstreifen, der die Schöpfungsgeschichte erzählt.

Du brauchst:

- 7 Bögen Karton
- weißes Papier
- Bleistift
- Buntstifte oder Farben und Pinsel
- Schere
- Zirkel
- Klebeband
- Beutelklammer
- Klebestift
- Lineal
- Fotos von Vögeln, Fischen, Tieren und Menschen

1 Zeichne eine Bogenlinie an die Oberkante eines Kartons und schneide sie sauber aus. Nimm die erste Karte als Schablone für die Bögen auf den übrigen Kartons, dann sehen alle Karten gleich aus.

2 Lege zwei Karten nebeneinander und lass ein bisschen Platz dazwischen. Klebe die Karten mit dem Klebeband zusammen, und zwar von vorn und von hinten, damit es besser hält. Klebe alle Karten zu einem Streifen zusammen.

3 Zeichne auf weißes Papier Bilder zum ersten, zweiten und dritten Schöpfungstag. Male sie mit Farben oder Buntstiften aus. Schneide die Bilder so aus, dass sie auf die Karten passen und klebe sie auf.

4 Für den vierten Tag machen wir ein Jahreszeitenrad. Zeichne mit dem Zirkel einen Kreis auf Papier und teile ihn in vier gleiche Teile. Male in jedes Viertel einen Baum in den verschiedenen Jahreszeiten. Verziere den Rest des Blattes mit Sonne, Mond und Sternen und klebe es auf den Streifen.

5 Zeichne einen Kreis auf weißes Papier und teile ihn in vier Abschnitte. Zeichne eine Zickzacklinie um den Kreis, so dass er wie eine Sonne aussieht. Male die Sonne an und schneide sie aus, dabei wird ein Viertel ausgespart. Befestige die Sonne mit der Klammer in der Mitte des Baumkreises.

6 Male Bilder zum fünften, sechsten und siebten Schöpfungstag. Du kannst auch Tierfotos aus Illustrierten ausschneiden und auf dein Bild kleben. Schneide das fertige Bild sauber aus und klebe es auf die richtige Karte des Streifens.

Ihr könnt euch einen Streifen in jeder beliebigen Größe und Form basteln, oder die Schablonen auf den Seiten 16-19 verwenden.

JOSEFS MANTEL

Josef bekam einen prächtigen Mantel, aber seine Brüder waren neidisch.

Du brauchst:

ein großes Stück Stoff für den Untergrund

Filzstift

kleinere bunte Stoffreste

Schere

Nähnadel, Faden und Stecknadeln

Bastelkleber und Pinsel

Stopfnadel und buntes Garn

weitere Schnipsel, Knöpfe und Perlen zum Verzieren

besondere Botschaften auf kleinen Zetteln

einen langen Holzstab (und die Hilfe eines Erwachsenen)

zwei Kugeln aus Knetmasse

Der alte Jakob hatte zwölf Söhne.

Er liebte sie alle, aber sein Lieblingssohn war Josef.

Josef war 17 Jahre alt. Er half seinen Brüdern die Schafe seines Vaters zu hüten.

Zum Zeichen seiner Liebe schenkte Jakob Josef einen wunderschönen Mantel.

Josef freute sich sehr darüber, aber seine Brüder waren neidisch.

Warum mochte ihr Vater ihn mehr als sie?

Warum bekamen nicht alle einen so schönen Mantel?

Der Mantel machte die Brüder eifersüchtig.

Es gefiel ihnen nicht, dass Josef wichtiger war als sie.

1 Zeichne mit einem Filzstift ein großes T-Muster auf einen Stoff und schneide es aus. Nimm das Muster dann als Schablone und schneide ein gleiches, zweites Stück Stoff aus. Die beiden „T"s bilden den Untergrund des Mantels, nach ihnen richtet sich also die Größe und Form des fertigen Aufhängers.

Fertige einen Mantel aus Patchwork. Er soll dich an Josefs Mantel erinnern.

2 Lege die beiden Stücke aufeinander und hefte sie mit Stecknadeln zusammen. Schneide das obere Stück in der Mitte durch und den Kragen aus. Nähe die beiden Stücke mit Nadel und Faden entlang der Schulter und an den Seiten wie gezeigt zusammen, oder klebe sie, wenn dir das lieber ist.

3 Schneide aus den Stoffresten viele Quadrate aus. Sie müssen nicht gleich groß sein. Fange am unteren Rand an und klebe sie auf den Untergrund. Nimm nur ganz wenig Leim!

4 Bedecke beide Seiten des Mantels. Achte darauf, dass die Hälften nicht zusammenkleben! Die Flicken sollen überlappen, so dass der Untergrund ganz zugedeckt ist. Wenn du genug Flicken hast, klebe auch das Rückenteil zu.

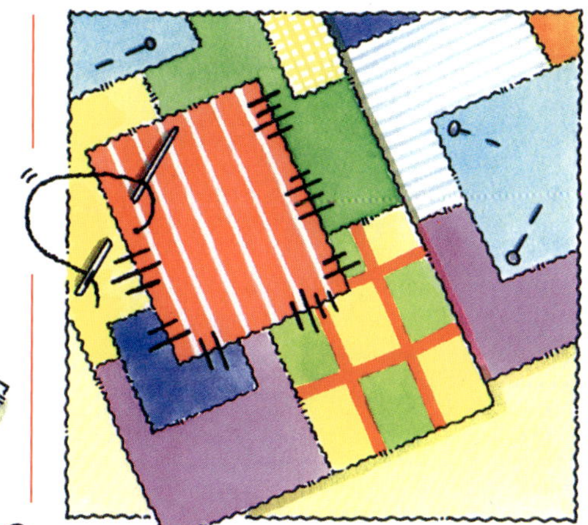

5 Wenn der Kleber getrocknet ist, hefte ein paar größere Flicken auf den Mantel als Taschen. Nähe sie mit buntem Garn fest. In diese Taschen werden deine besonderen Botschaften gesteckt.

6 Letzter Schliff: Schmücke dein Patchwork mit Schnipseln und Knöpfen, wie es dir gefällt. Stecke den Stab durch den Mantel, so dass 3 cm aus den Ärmeln herausschauen. Ein Erwachsener soll dir den Stab zurechtsägen. Stecke eine Kugel aus Knetmasse auf beide Enden. Binde zum Aufhängen ein buntes Garn an den Stab. Auf Seite 31 steht, wie man eine Troddel macht.

MOSE IM SCHILF

Der kleine Mose wurde in einem Korb ausgesetzt und in Sicherheit gebracht.

Du brauchst:

- einen großen Bogen dünnen, weißen Karton
- Pinsel und Farbe
- Lineal, Bleistift und Schere
- Nadel und buntes Garn
- durchsichtiges Klebeband

1 Male den Karton auf beiden Seiten bunt an. Achte darauf, dass die erste Seite ganz trocken ist, bevor du die Rückseite anmalst.

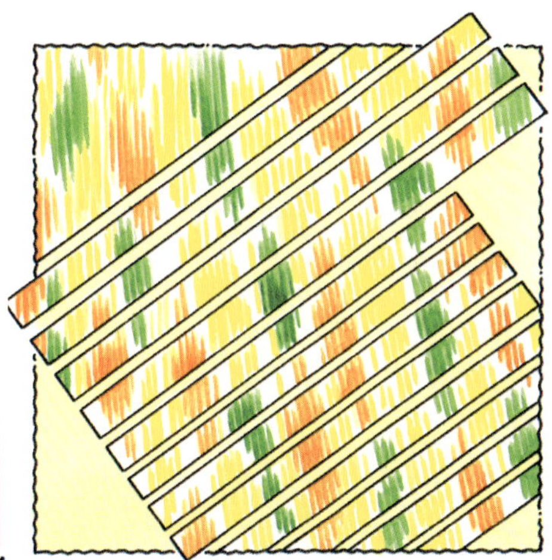

2 Miss 3 cm breite Streifen ab und schneide sie sauber aus. Du brauchst für den Anfang 8 Streifen mit einer Länge von 30 cm und 4 Streifen mit 42 cm.

Flechte dir einen einfachen Korb und stell dir vor, Mose wäre darin versteckt.

3 Lege die langen Streifen wie gezeigt nebeneinander und flechte die kürzeren ein. Das ergibt den Boden. Die Streifen sollen nicht verrutschen. Lege ein dickes Buch auf die langen Enden, dann geht es leichter.

In Ägypten herrschte ein grausamer König. Er hatte viele Sklaven und behandelte sie schlecht.

Es waren aber so viele Sklaven, dass der König Angst vor ihnen bekam.

Deshalb befahl er, alle neugeborenen Jungen im Fluss zu ertränken.

Eine Frau hatte jedoch einen klugen Plan. Sie versteckte ihr Baby, bis es drei Monate alt war. Dann flocht sie aus Binsen einen besonderen Korb und

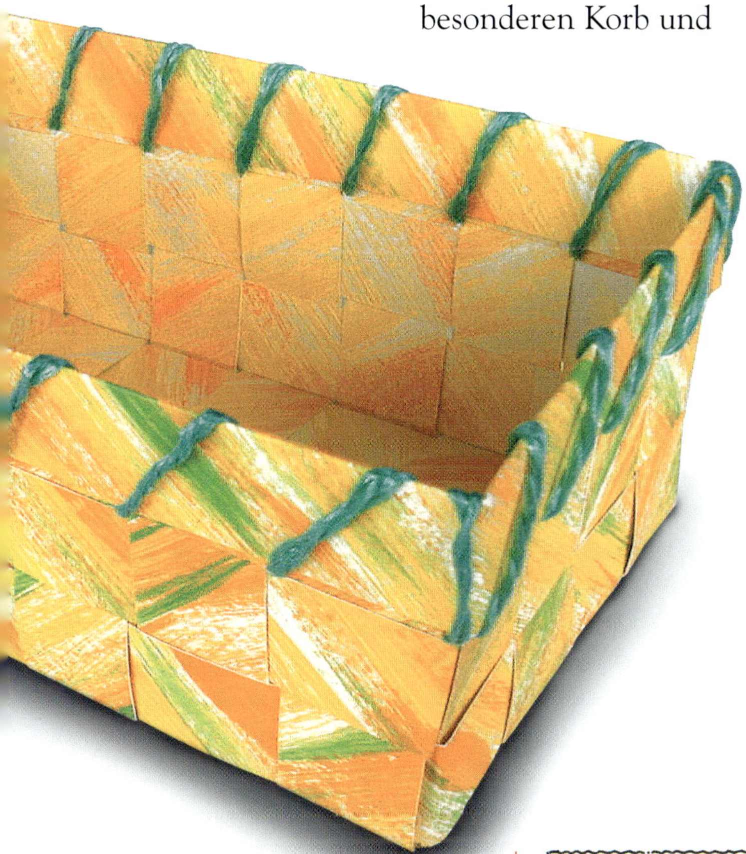

strich ihn mit Pech aus, damit kein Wasser hineinkam. Sie legte ihr Baby in den Korb und setzte ihn ins Schilf am Flussufer.

Die Schwester des Babys passte in der Nähe auf.

Später kam die Tochter des Königs zum Baden an den Fluss. Sie sah den Korb, hörte ein leises Wimmern und fand das Baby. Als die Schwester sah, dass die Prinzessin dem Baby helfen wollte, kam sie aus dem Schilf und sagte: „Ich weiß, wer das Baby säugen kann“, und brachte es zu ihrer eigenen Mutter.

Das Baby wurde Mose genannt. Seine Mutter kümmerte sich um ihn, bis er alt genug war, im Königspalast zu leben.

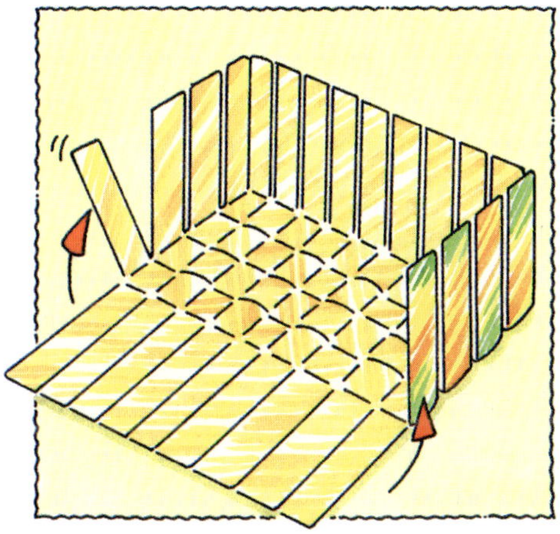

4 Falte die Kartonstreifen im rechten Winkel nach oben. Tu das auf allen Seiten.

5 Schneide für die Seitenwände drei lange Kartonstreifen aus, 3 cm breit und 72 cm lang, und flechte sie ein. Wenn die Streifen nicht lang genug sind, klebe zwei mit durchsichtigem Klebeband zusammen.

6 Schneide einen letzten Kartonstreifen aus, 6 cm breit und 72 cm lang. Knicke ihn längs in der Mitte und lege ihn über die Oberkante des Korbs. Schnüre ihn mit dem bunten Garn fest.

DAVIDS HARFE

David half dem König mit seinem Harfenspiel.

König Saul war in großer Sorge. Früher war er glücklich, aber er hatte nicht getan, was Gott ihm befohlen hatte. Jetzt saß er oft in seinem Zimmer und fühlte sich unglücklich.

Seine Diener meinten, ein bisschen Musik könne ihn aufmuntern.

„In Betlehem lebt ein Junge", sagte ein Diener, „der sehr schön Harfe spielt. Er heißt David. Er hütet die Schafe seines Vaters."

Sie erzählten Saul davon, und er bat sie, David zu holen.

David machte sich mit einer jungen Ziege, einem Esel und etwas zu Essen und zu Trinken auf den Weg.

Er ging zum König, um ihm auf der Harfe vorzuspielen.

König Saul hörte ihm beim Spielen der Harfe zu und fühlte sich plötzlich schon viel besser. Die Musik beruhigte ihn wieder.

„Bleib hier", sagte er zu David. „Ich möchte mehr hören."

Also blieb David bei König Saul. Jedes Mal wenn es dem König schlecht ging, spielte David ihm auf der Harfe wunderschöne Musik vor.

Viele Jahre später wurde David selbst König.

Du brauchst:

einen Erwachsenen, der dir beim Zusägen der Holzstücke und beim Bau der Harfe hilft.

Schleife alle scharfen Kanten mit Schleifpapier ab.

Holz- oder Sperrholzreste:

24 x 18 x 1 cm

50 x 3 x 1 cm

45 x 3 x 1 cm

40 x 3 x 1 cm

Bindfaden

8 Metallösen

Angelleine oder Gitarrensaiten aus Nylon

Werkzeug:

Säge, Hammer, Schleifpapier und kleine Nägel

Farben und Pinsel

Bleistift und Lineal

1 Nimm das rechteckige Stück Holz und markiere es wie auf dem Bild. Ein Erwachsener soll dir dann das Holz zusägen. Das ist die Basis der Harfe. Durch diese Form sieht die fertige Harfe viel echter aus!

2 Lege die beiden längeren Holzstücke wie auf dem Bild auf die Basis. Mache die Enden unten bündig. Nagle die Stücke vorsichtig fest.

3 Nagle dann das Querholz an die beiden Stützen. Achte darauf, dass das Holz an den Enden etwa gleichweit übersteht.

4 Jetzt kannst du die Harfe streichen. Male sie mit hellen Farben und Mustern an, oder lass den Rahmen in Natur und verziere ihn mit bunten Figuren.

Bau dir eine einfache Harfe zur Erinnerung an Davids Harfenspiel.

5 Bitte einen Erwachsenen, dir bei den Ösen zu helfen. Miss mit dem Lineal die Oberseite der Basis ab und markiere in gleichmäßigem Abstand die Punkte für die Ösen. Schraube die Ösen senkrecht in die Oberseite.

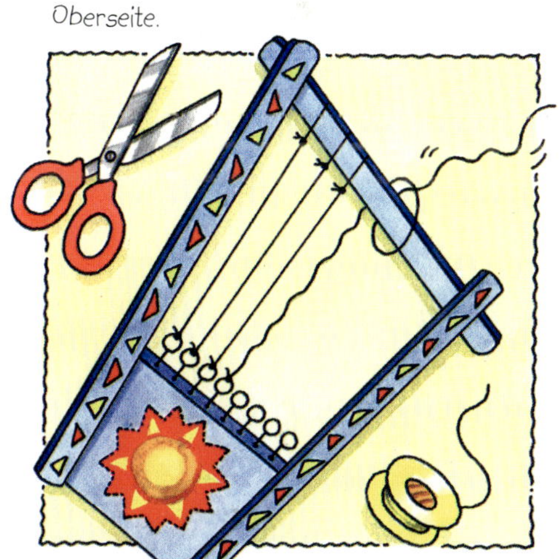

6 Aus der Angelleine oder den Gitarrensaiten machst du die 8 Saiten der Harfe. Binde ein Ende an der Öse fest und schlinge das andere Ende um das Querholz. Spanne die Saite so gut es geht und mache sie mit einem Knoten fest. Du kannst die Saiten nachspannen und „stimmen", indem du die Ösen tiefer eindrehst.

JONA UND DER GROSSE FISCH

Jona wurde von einem großen Fisch verschluckt.

Du brauchst:

- 3 A4-Bögen Karton
- Schere
- Farben oder Buntstifte
- einen spitzen Bleistift
- 5 Beutelklammern
- Schnur
- Gewicht (Schlüssel, Metallscheibe oder etwas Ähnliches)
- Lineal

1 Zeichne ein Unterwasserbild auf den ersten Bogen Karton. Das ist der Hintergrund. Male die Wellen und die Fischschwärme bunt an. Zeichne dann ein ähnliches Wasserbild bis zur Hälfte des zweiten Bogens und schneide es wie gezeigt aus. Das ist der Vordergrund.

2 Zeichne auf den dritten Bogen einen Fisch mit einem weit aufgerissenen Maul, wie hier, und einen kleinen Jona. Du kannst die Schablonen auf den Seiten 20-21 nehmen. Male sie bunt an und schneide beide Figuren dann sauber aus.

3 Miss die Mitte des Fisches aus und mache mit einem spitzen Bleistift ein Loch (X). Bohre 4 cm links und rechts von X noch zwei Löcher in den Karton (A + B).

Gott befahl Jona, nach Ninive zu gehen und den Menschen zu sagen, dass Gott böse auf sie war. Jona hatte aber Angst und lief weg vor Gott.

Er ging an Bord eines Schiffes und wollte in ein fernes Land segeln.

Gott schickte einen mächtigen Sturm und die Seeleute glaubten, sie müssten alle ertrinken.

Jona sagte zu ihnen, sie sollten ihn ins Meer werfen.

Der Sturm hörte auf, sobald Jona in den Fluten versank.

Aber Gott rettete Jona vor dem Ertrinken.

Er schickte einen riesigen Fisch, der Jona verschluckte.

Jona blieb drei Tage und drei Nächte im Bauch des Fisches.

Als der Fisch ihn wieder ausspuckte, tat er, was Gott ihm befohlen hatte.

Bastle dir jetzt dieses bewegliche Fischbild zur Erinnerung an Jonas Geschichte.

4 Lege den Hintergrund und den Vordergrund aufeinander, die Kanten müssen genau stimmen. Miss die Mitte der Bögen aus und markiere einen Punkt 8 cm über der Unterkante. Mache mit einem spitzen Bleistift ein Loch durch beide Bögen.

5 Ziehe eine Schnur durch die Löcher A und B und knote sie wie oben zusammen. Binde dann das Gewicht an das Ende der Schnur.

6 Stecke eine Klammer durch das Loch in der Mitte des Vordergrunds, durch Loch X im Fisch und durch das Loch im Hintergrund. Mache die Klammer auf der Rückseite fest. Klebe Jona hinter dem offenen Maul auf den Hintergrund! Befestige jetzt noch den Vordergrund mit vier Klammern am Hintergrund – fertig ist das Bild!

Hänge dir das Bild an die Wand oder an eine Pinwand. Stoße das Gewicht an und sieh zu, wie der Fisch Jona verschlingt!

SCHABLONEN

GOTT SCHUF
DIE WELT
Seite 6-7

SCHABLONEN

GOTT SCHUF
DIE WELT
Seite 6-7

SCHABLONEN

JESU EIN-
ZUG IN
JERUSALEM
Seite 30-31

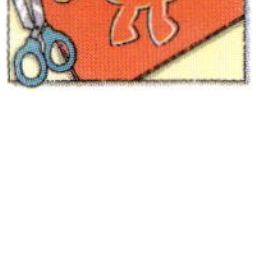

DIE WEIHNACHTSGESCHICHTE
Seite 22-23

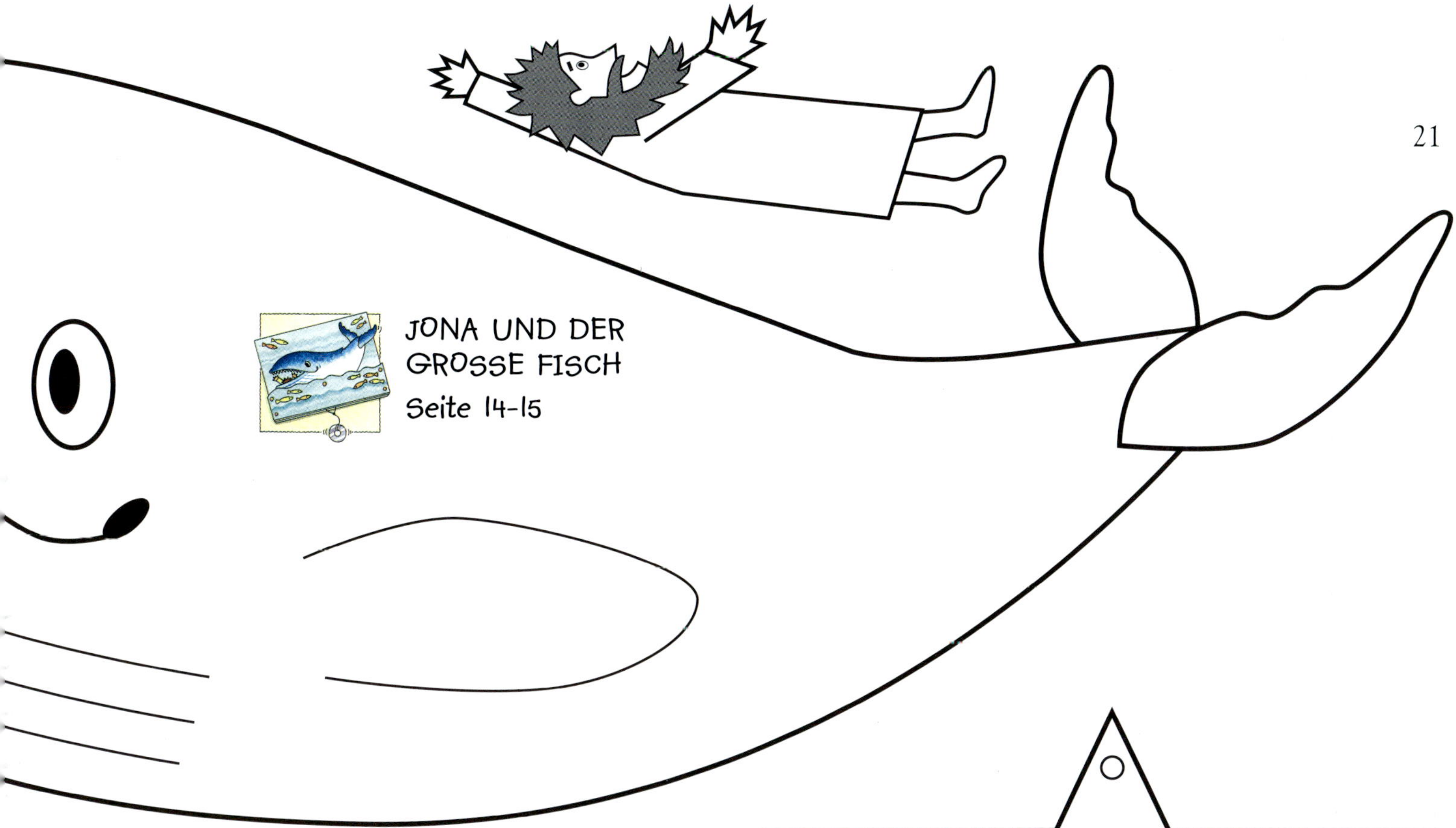

JONA UND DER GROSSE FISCH

Seite 14-15

DIE WEIHNACHTS-GESCHICHTE

Seite 22-23

DIE WEIHNACHTS-GESCHICHTE

Engel, Hirten und Weise kamen und hießen Jesus willkommen, als er auf die Welt kam.

Gott schickte Maria einen Engel und sagte ihr, dass sie ein Baby namens Jesus bekommen würde.

„Jesus wird sehr bedeutend sein und Sohn Gottes genannt werden!“, sagte der Engel.

Jesus wurde in der Stadt Betlehem geboren. Maria legte ihr Baby in eine Krippe auf weiches Heu. In der Herberge war kein Platz mehr frei.

Gott schickte Engel mit einer Botschaft zu Hirten in der Nähe von Betlehem: „Geht und sucht Jesus.“

Der Himmel war hell erleuchtet und ein Lied hallte von den Hügeln wieder: „Ehre sei Gott in der Höhe!“

Als die Hirten die Stadt erreichten, fanden sie Jesus und freuten sich sehr.

Weise Männer kamen aus fernen Ländern zu Jesus. Sie folgten einem sehr hellen Stern am Himmel. Als sie Jesus fanden, überreichten sie ihm kostbare Geschenke: Gold, Weihrauch und Myrrhe. Endlich hatten sie den neu geborenen König gefunden!

Du brauchst:

- einen weißen Buntstift
- dunklen Karton
- Schere
- Locher
- durchsichtiges, buntes Bonbonpapier (Transparentpapier)
- Klebestift
- Goldfaden
- eine dicke Nadel

1 Zeichne mit dem weißen Stift ein Tier auf den Karton. Schneide die Form dann sauber aus. Du kannst die Schablonen auf Seite 20-21 nehmen, wenn du willst.

2 Zeichne Sternchen auf die Tierfigur und schneide sie mit der Schere sauber aus.

3 Mit dem Locher kannst du auch Lochmuster machen.

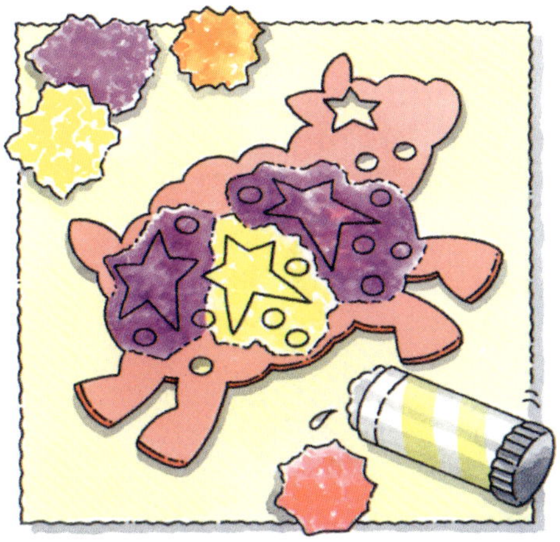

4 Drehe den Karton um. Schneide kleine Stückchen Bonbonpapier aus und klebe sie auf die ausgeschnittenen Formen.

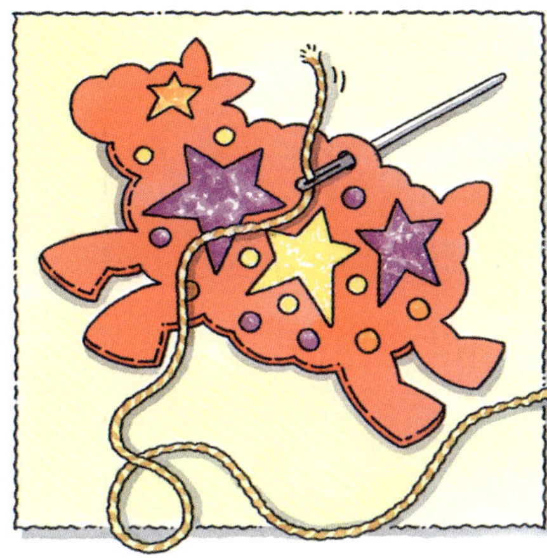

5 Mache mit der Nadel oben ein Loch in die Figur und ziehe einen Goldfaden durch das Loch. Hänge das Tier am Fenster auf, damit das Licht durch die bunten Formen scheint.

Bastelt euch diesen Weihnachtsschmuck zur Feier von Jesu Geburt.

DER DIENER DES HAUPTMANNS

Ein römischer Offizier bittet Jesus um Hilfe.

Jesus heilte viele Menschen, und überallhin folgte ihm eine Menschenmenge.

Einmal bat ein römischer Hauptmann Jesus um Hilfe.

„Mein Diener ist sehr krank und kann sich nicht bewegen."

Jesus antwortete. „Ich gehe zu ihm und mache ihn gesund."

„Nein, nein", sagte der Hauptmann. „Ich weiß, dass er geheilt wird, wenn du es nur sagst. Ich vertraue dir, dass du ihn heilen wirst."

Jesus war überrascht und freute sich, dass der Hauptmann so großes Vertrauen hatte.

„Geh nach Hause", sagte Jesus. „Was du glaubst, soll geschehen."

Der Hauptmann lief nach Hause und sah zu seiner großen Freude, dass sein Diener wieder gesund war.

Du brauchst:

- einen aufgeblasenen Luftballon
- Zeitungen
- Bastelkleber (Kleister) und Pinsel
- dünnen Karton
- Schere
- Plastikschüssel
- silberne und schwarze Plakatfarbe
- Pinsel für die Farbe
- einen spitzen Bleistift
- dicke Schnur oder Kordel
- Beutelklammern

Bastle dir einen Römerhelm, wie der Hauptmann einen hatte.

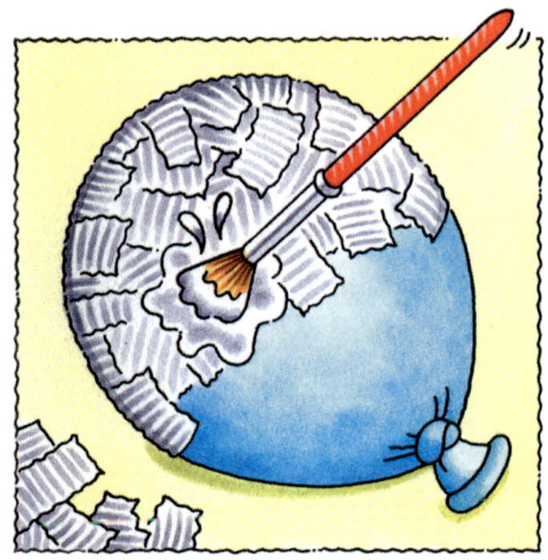

1 Klebe auf die obere Hälfte eines Luftballons abgerissene Zeitungsstückchen, um die Helmform zu erhalten. Klebe noch drei Schichten Papierfetzen auf und lass das Ganze trocknen.

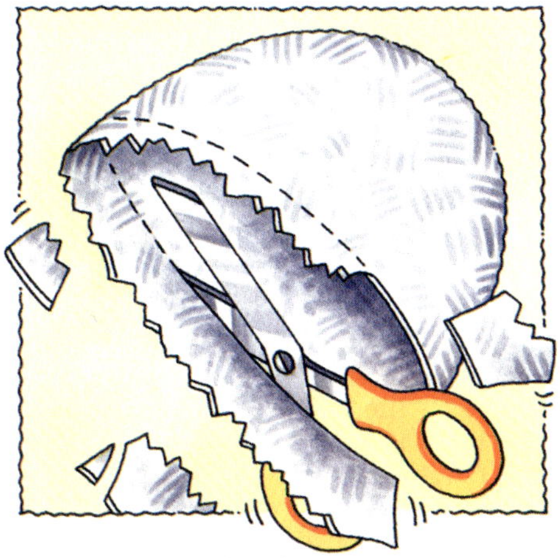

2 Lass den Ballon platzen. Schneide mit der Schere den Rand gerade. Jetzt hast du die Grundform für das Oberteil des Helms.

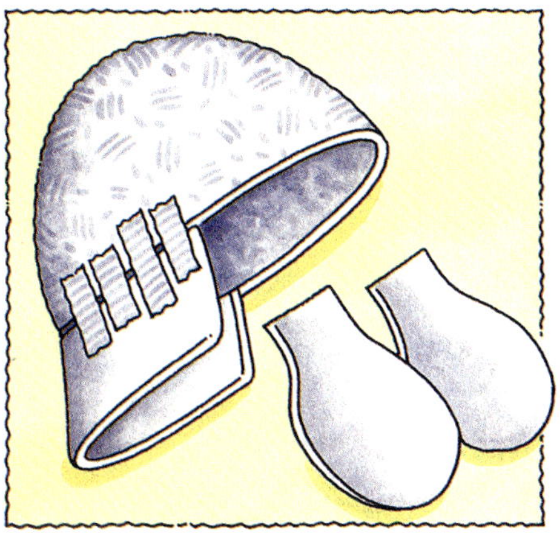

3 Schneide aus dünnem Karton den Kragen und zwei Ohrenschützer aus. Der Kragen wird hinten am Helm befestigt. Sieh nach, ob die Ohrenschützer die richtige Größe haben. Befestige sie dann mit angekleisterten Papierstreifen.

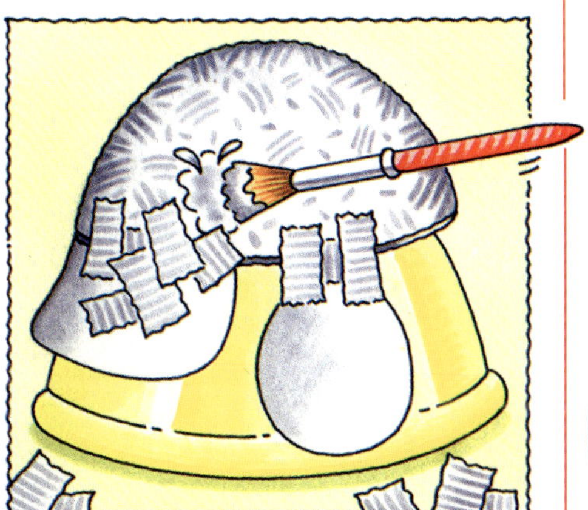

4 Stülpe den Helm über eine Plastikschüssel, dann geht es leichter. Klebe auf den Helm und den Karton noch drei Lagen Zeitungspapier. Lass alles gut trocknen.

5 Schlinge die Schnur oder Kordel um den Rand des Helms und klebe sie fest. Mache Klammern dran, die wie Nieten aussehen sollen. Stich mit einem spitzen Bleistift ein Loch in den Helm. Stecke die Klammer durch und decke die Rückseite mit Schnipseln ab.

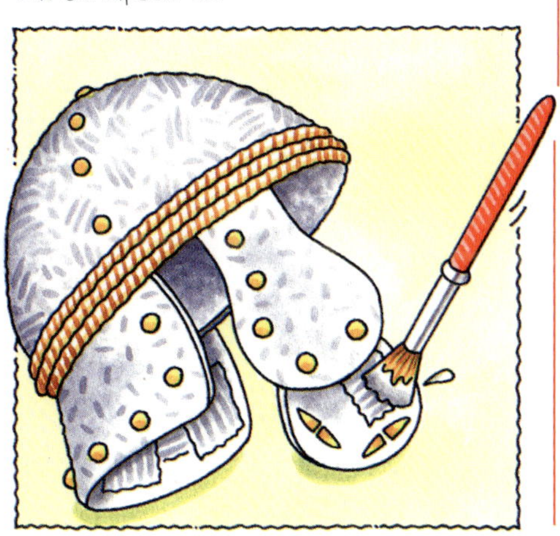

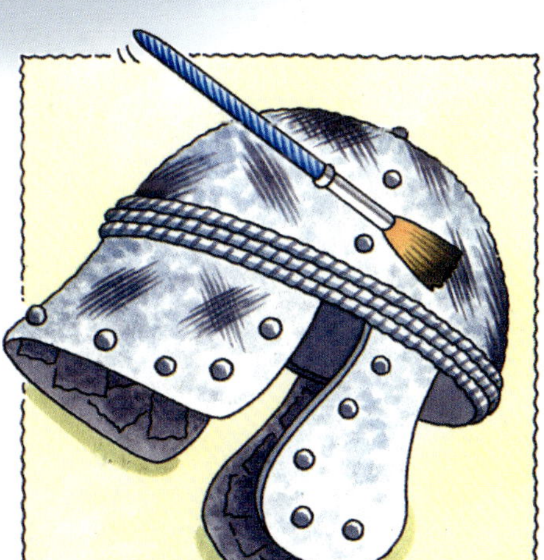

6 Streiche den Helm mit silberner Plakatfarbe an. Achte darauf, dass die Schnur und alle Klammern ganz bedeckt sind. Mische ein wenig schwarze Farbe mit Silber und pinsle einige Striche auf die Oberfläche, damit sie matt wird. Du kannst auch die Innenseite mit schwarzer Farbe streichen. Sieh nach, ob die Farbe trocken ist, bevor du den Helm aufsetzt!

DER STURM AUF DEM SEE

Jesus erstaunte seine Jünger, als er einen Sturm beruhigte.

Einmal fuhren Jesus und seine Jünger in einem Boot auf den See.

Plötzlich kam ein heftiger Sturm auf und das Boot wurde wie ein Ball hin und her geworfen.

Jesus schlief fest im Boot, aber seine Jünger hatten Angst, das Boot würde sinken.

„Rette uns, Herr!“, riefen sie Jesus zu.

„Warum habt ihr solche Angst?“, fragte Jesus.

Dann stand Jesus auf und befahl dem Wind und den Wellen, sich zu beruhigen.

Der Sturm hörte auf. Alle waren verblüfft!

„Selbst die Winde und Wasser gehorchen ihm!“, sagten sie.

Jesus hatte sie alle aus dem Sturm gerettet.

Du brauchst:

- 30 x 20 cm braunen Karton
- Farben und Pinsel
- kleinere Stücke braunen Karton
- Schere
- Bastelkleber (Leim) und Pinsel
- Bastelmesser und Schneidekante
- Bleistift und Lineal
- Schnur für die Takelage
- ein Stück Stoff 20 x 20 cm
- zwei 25 cm lange Holzstäbe
- Reste eines Netzes und bunte Papierfischchen
- Beutelklammer
- schmalen Kartonstreifen, Zickzack gefaltet und eingeschnitten

1 Male den braunen Karton wie den Rumpf eines Bootes an und lass ihn trocknen. Falte den Karton der Länge nach in der Mitte. Zeichne wie oben eine Linie an beide Enden und schneide sie zurecht.

Bastle dir ein einfaches Fischerboot und denke an Jesu Macht über den Sturm auf dem See.

2 Schneide zwei Kartonstreifen aus, 4 cm breit und 13 cm lang. Streiche sie wie Holz an und lass sie trocknen. Falte jeden Streifen längs in der Mitte und klebe sie an die Enden des Rumpfes.

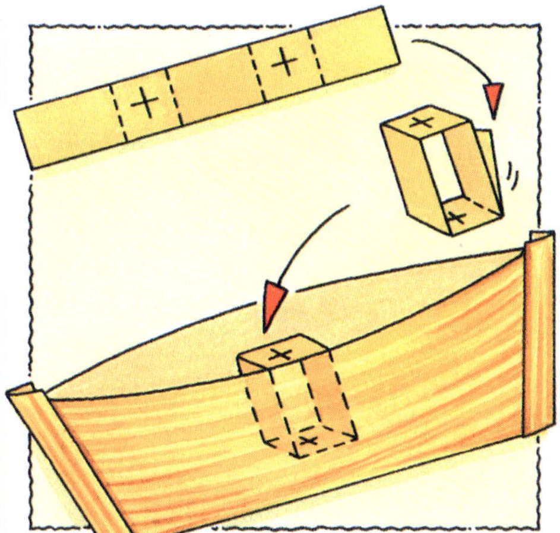

3 Damit der Mast besser hält, schneide einen Kartonstreifen (3 x 20 cm) aus und teile ihn wie oben auf. Schneide in die kleineren Abschnitte ein Kreuz und falte den Streifen entlang der gepunkteten Linien. Klebe die Stütze in die Mitte des Rumpfes.

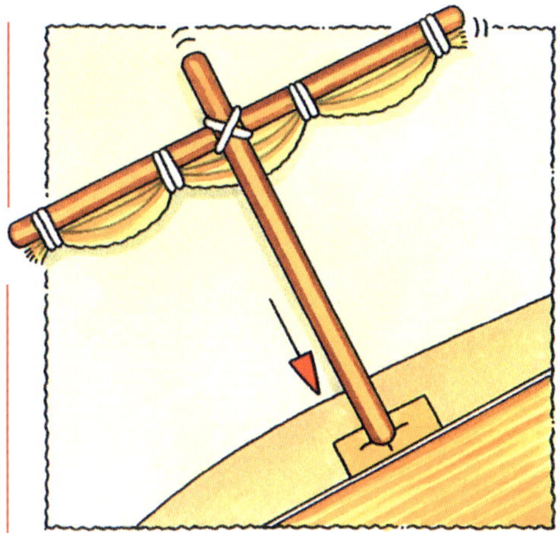

5 Roll das Segel locker auf und binde es an der Rahe (dem Querbalken) fest. Stecke den Mast dann in die Stütze.

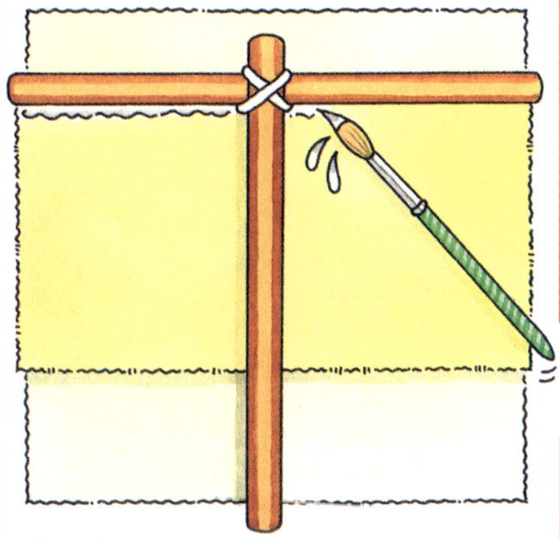

4 Klebe die beiden Stäbe wie gezeigt zusammen und knote sie mit einer Schnur fest, damit es besser hält. Pinsle einen dünnen Streifen Kleber auf das Segel und presse den Querbalken an. Lass das Ganze gut trocknen.

6 Schneide aus dem Karton ein Ruder aus und streiche es wie das Boot. Befestige es mit einer Klammer an der Seite des Bootes. Damit es naturgetreuer aussieht, kannst du noch eine Schnur als Takelage befestigen. Wenn du so etwas wie ein Netz hast, lege es über die Seitenwand und stopfe einen Fang Fische hinein!

Beachte: Weil das Boot unten ganz schmal ist, musst du es aufbocken oder in einen zickzackförmigen Kartonstreifen einstecken. Schneide ihn an vier Stellen ein, damit das Boot wie auf dem Bild steht.

DAS VERLORENE SCHAF

Jesus erzählte diese Geschichte von einem Hirten, der ein Schaf verloren hatte.

„Ein Hirte hatte einmal 100 Schafe.

Er hütete sie gut und beschützte sie vor wilden Tieren.

An einem Tag merkte er, dass ein Schaf fehlte. Also begab der Hirte sich auf die Suche und ließ die 99 anderen auf der Weide zurück.

Er suchte in den Bergen und im Tal, sah hinter Büsche und Felsen. Wo konnte das Schaf nur sein?

Plötzlich hörte der Hirte ein schwaches Blöken; endlich fand er sein verlorenes Schaf!

Er nahm es liebevoll in die Arme und trug es auf den Schultern nach Hause.

Dann lud er alle Nachbarn zu einem Fest ein.

Er war so froh, dass er sein verlorenes Schaf gefunden hatte!“

Jesus sagte, dass Gott jeden, den er geschaffen hat, genau so liebt, wie der Hirte alle seine Schafe liebt.

Du brauchst:

- Zeitung
- Bastelkleber (Kleister) und Pinsel
- 2 große Schüsseln
- heißes Wasser
- Plakatfarben und Pinsel
- Bastelmesser
- leere Bonbon- oder Keksdosen mit Deckel
- Reste von schwarzem und weißem Filz
- Schere

Bastle dir zur Erinnerung an die Geschichte eine Spardose und einen Stifthalter.

1 Mache dir einen Papierbrei: Reiße eine Zeitung in kleine Schnipsel. Lege sie in eine große Schüssel, gieße heißes Wasser drüber und lass sie über Nacht einweichen.

2 Nimm eine Handvoll nasses Papier, press das ganze Wasser aus und lege es in die zweite Schussel. Gib den Kleister dazu und mische die Masse mit den Händen durch, bis ein Brei entsteht.

3 Nimm den Deckel von einer Dose ab und drücke kleine Breiklumpen darauf. Forme mit dem Brei den Kopf des Schafes. Pinsle noch Kleber nach, damit der Brei gut auf dem Deckel hält.

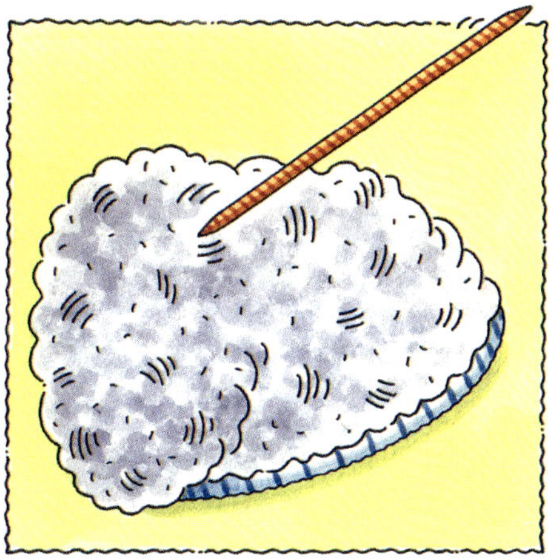

4 Drücke noch mehr Brei für die Nase an. Die Oberfläche darf ungleichmäßig bleiben, damit sie der Wollstruktur gleicht. Schneide zum Schluss einen Schlitz an beide Seiten des Kopfes, in den die Filzohren gesteckt werden.

5 Wenn der Schafskopf trocken ist, kannst du den Deckel wieder auf die Dose setzen und den Kopf anmalen. Ein Erwachsener soll dir helfen, an der Seite einen Schlitz in die Dose zu schneiden. Es soll ja eine Spardose werden. Jetzt noch die Ohren und den Schwanz aus Filz ankleben.

6 Beim Stifthalter geht es ganz ähnlich. Presse den Brei rund um die Dose und forme dabei den Leib und den Kopf des Schafes. Wenn der Brei trocken ist, male alles an und befestige genauso Ohren und Schwanz.

JESU EINZUG IN JERUSALEM

Du brauchst:

- ein langes Stück Stoff, ungefähr 20 cm breit
- Bastelkleber und Pinsel
- Steck- und Nähnadeln, Garn
- Farben und Pinsel
- kleine Schnipsel aus buntem Stoff oder Filz
- buntes Klebeband
- zwei Holzstäbe oder Bambusstöcke
- Kugeln aus Knetmasse
- zum Verzieren: Knöpfe, Perlen, etc.
- Schere
- buntes Garn, Karton und Schere für eine Troddel

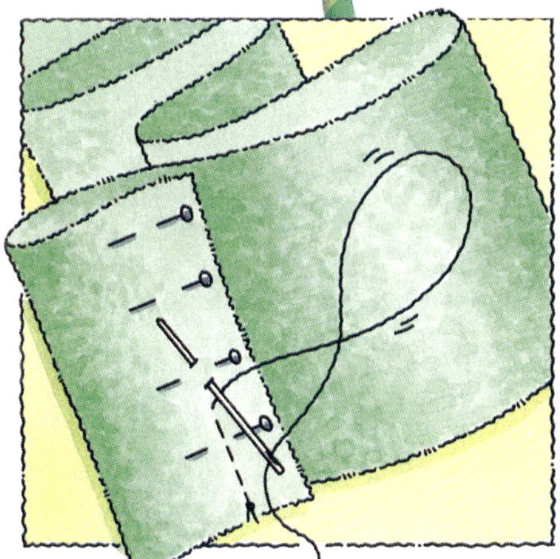

1 Schneide einen langen, 20 cm breiten Stoffstreifen aus. Du kannst das Banner so lang machen, wie du willst! Schlage an jedem Ende 3 cm Stoff um, stecke es fest und nähe den Stoff an. Das sind die Schlaufen für die Stäbe.

2 Streiche jeden Stab bunt an und lass ihn trocknen. Befestige das farbige Klebeband an der Spitze des Stabes und dreh langsam den Stab. Drücke das Klebeband dabei an, so entsteht ein hübsches diagonales Muster.

Eine große Menschenmenge hieß den neuen König mit Palmwedeln willkommen!

Klack, klack, klapperten die Hufe des Esels auf dem Pflaster. „Hosianna! Hurra!“, rief die Menge.

Wer ritt da auf einem Esel? Es war Jesus!

Die Menschen freuten sich darüber, ihn zu sehen.

Sie legten Mäntel vor dem Esel aus und schwenkten Palmwedel.

„Gott segne den König!“, riefen sie.

Jesus wurde in der Stadt willkommen geheißen.

Mache dir so ein hübsches Banner und denk an die Menge, die Jesus zujubelte.

3 Verziere mit den Stoffresten das Banner. Schneide Blumen und Tiere aus und verteile sie über die ganze Bahn. Du kannst die Schablonen auf Seite 20 nehmen. Klebe die Formen erst auf, wenn dir die Anordnung richtig gut gefällt.

4 Schmücke das Banner so bunt wie möglich aus. Nähe oder klebe Knöpfe und Perlen auf, befestige einen Saum mit Glöckchen am unteren Rand.

5 Pinsle ein bisschen Klebstoff auf die Stäbe, etwa 15 cm von der Spitze abwärts. Schiebe sie dann vorsichtig durch die Schlaufen an den Enden und drücke das Banner an. Wenn der Kleber trocken ist, stecke auf jeden Stab eine Kugel aus Knetmasse.

So macht man eine Troddel.

6 Für eine Troddel musst du Garn um ein Stück Karton wickeln (A). Binde das Garn oben mit einem Wollfaden zusammen und ziehe den Karton heraus (B). Schlinge einen Faden um die Troddel, knote ihn zu und schneide die Troddel unten auf (C). Binde sie mit einem Faden an die Stäbe.

Wo ihr die Geschichten in der Bibel findet

Gott schuf die Welt:
Genesis (1 Mose) 1

Josefs Mantel:
Genesis (1 Mose) 37

Mose im Schilf:
Exodus (2 Mose) 2,1-10

Davids Harfe:
1 Samuel 16,16-23

Jona und der große Fisch:
Jona 1-2

Die Weihnachtsgeschichte:
Matthäus 1,18 - 2,11; Lukas 1,26-38; 2,1-20

Der Diener des Hauptmanns:
Matthäus 8,5-13

Der Sturm auf dem See:
Matthäus 8,23-27

Das verlorene Schaf:
Lukas 15,1-10

Jesu Einzug in Jerusalem:
Markus 11,1-11

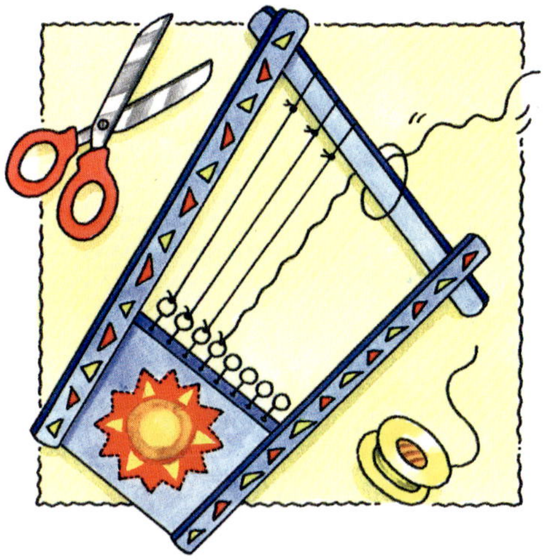

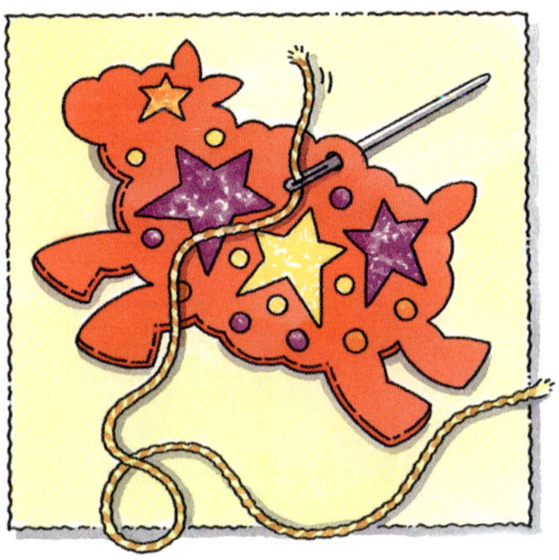

Published in the UK by
The Bible Reading Fellowship
First Floor, Elsfield Hall, 15-17 Elsfield Way,
Oxford OX2 8FG

Druck und Bindung in China

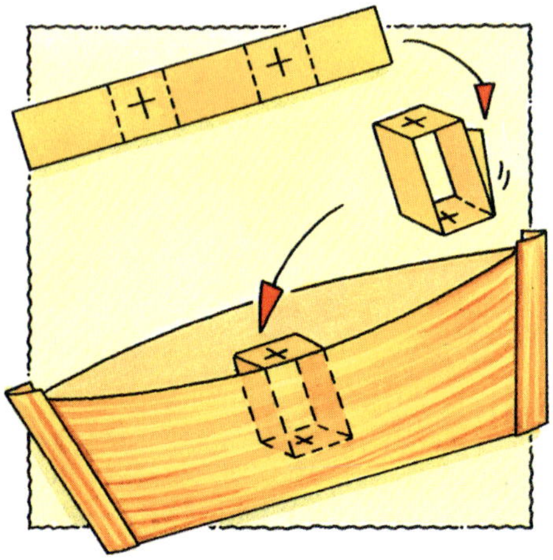